LE
TEMPLE
DE
GNIDE

NOUVELLE EDITION,
Avec Figures
Gravées par *N. LE MIRE*,

D'après les Deſſins de Ch. Eiſen.

———————

.... *non murmura veſtra Columbæ,*
Brachia non Hedera, non vincant oſcula Conchæ.
Epiſt. de l'Emp. Gallien.

A PARIS,
Chez les Principaux Libraires.
Prix 40 francs.

LE TEMPLE

DE

GNIDE.

LE TEMPLE

DE

GNIDE.

DE L'IMPRIMERIE D'ADRIEN ÉGRON.

A PARIS,

CHEZ LES PRINCIPAUX LIBRAIRES.

PRÉFACE

DU TRADUCTEUR.

Un ambassadeur de France à la Porte Ottomane, connu par son goût pour les lettres, ayant acheté plusieurs manuscrits grecs, il les porta en France. Quelques-uns de ces manuscrits m'étant tombés entre les mains, j'y ai trouvé l'ouvrage dont je donne ici la traduction.

Peu d'auteurs grecs sont venus jusqu'à nous, soit qu'ils aient péri dans la ruine des bibliotheques ou par la négligence des familles qui les possédoient.

Nous recouvrons de temps en temps quelques pieces de ces trésors. On a trouvé des ouvrages jusque dans les tombeaux de leurs auteurs ; et ce qui est à-peu-près la même chose, on a trouvé celui-ci parmi les livres d'un évêque grec.

On ne sait ni le nom de l'auteur ni le temps auquel il a vécu : tout ce qu'on en peut dire, c'est qu'il n'est pas anté-rieur à Sapho, puisqu'il en parle dans son ouvrage.

Quant à ma traduction, elle est fidele : j'ai cru que les beautés qui n'étoient point dans mon cœur, n'étoient point des beautés, et j'ai souvent quitté l'expression la moins vive pour prendre celle qui exprimoit mieux sa pensée.

J'ai été encouragé à cette traduction par le succès qu'a eu celle du Tasse. Celui qui l'a faite ne trouvera pas mauvais que je coure la même carriere que lui : il s'y est distingué d'une maniere à ne rien craindre de ceux même à qui il a donné le plus d'émulation.

Ce petit roman est une espece de tableau où l'on a peint avec choix les objets les plus agréables. Le public y a trouvé des idées riantes, une certaine magnificence dans les descriptions, et de la naïveté dans les sentiments.

Il y a trouvé un caractere original qui a fait demander aux critiques quel en étoit le modele ; ce qui devient un grand éloge lorsque l'ouvrage n'est pas méprisable d'ailleurs.

Quelques savants n'y ont point reconnu ce qu'ils appellent l'art. Il n'est point, disent-ils, selon les regles. Mais si l'ouvrage a plu, vous verrez que le cœur ne leur a pas dit toutes les regles.

Un homme qui se mêle de traduire ne souffre point patiemment que l'on n'estime pas son auteur autant qu'il l'a fait ; et j'avoue que ces messieurs m'ont mis dans une furieuse colere : mais je les prie de laisser les jeunes gens juger d'un livre qui, en quelque langue qu'il ait été écrit, a certainement été fait pour eux. Je les prie de ne point les troubler dans leurs décisions. Il n'y a que des têtes bien frisées et bien poudrées qui connoissent tout le mérite du *Temple de Gnide.*

A l'égard du beau sexe, à qui je dois le peu de moments heureux que je puis compter dans ma vie, je souhaite de tout mon cœur que cet ouvrage puisse lui plaire. Je l'adore encore; et s'il n'est plus l'objet de mes occupations, il l'est de mes regrets.

Que si les gens graves desiroient de moi quelques ouvrages moins frivoles, je suis en état de les satisfaire. Il y a trente

ans que je travaille à un livre de douze
pages qui doit contenir tout ce que nous
savons sur la métaphysique , la poli-
tique , et la morale , et tout ce que de
très - grands auteurs ont oublié dans
les volumes qu'ils ont donnés sur ces
sciences - là.

LE TEMPLE

DE

GNIDE.

PREMIER CHANT.

Vénus préfere le séjour de Gnide à celui de Paphos et d'Amathonte. Elle ne descend point de l'Olympe sans venir parmi les Gnidiens. Elle a tellement accoutumé ce peuple heureux à sa vue, qu'il ne sent plus cette horreur sacrée qu'inspire la présence des dieux. Quelquefois elle se couvre d'un nuage, et on la reconnoît à l'odeur divine qui sort de ses cheveux parfumés d'ambroisie.

La ville est au milieu d'une contrée sur laquelle les dieux ont versé leurs bienfaits à pleines mains: on y jouit d'un printemps éternel ; la terre, heureusement fertile, y prévient tous les souhaits ; les

I

troupeaux y paissent sans nombre; les vents semblent n'y régner que pour répandre par-tout l'esprit
des fleurs ; les oiseaux y chantent sans cesse, vous
diriez que les bois sont harmonieux ; les ruisseaux
murmurent dans les plaines; une chaleur douce fait
tout éclore ; l'air ne s'y respire qu'avec la volupté.

Auprès de la ville est le palais de Vénus : Vulcain
lui-même en a bâti les fondements; il travailla pour
son infidele, quand il voulut lui faire oublier le cruel
affront qu'il lui fit devant les dieux.

Il me seroit impossible de donner une idée des
charmes de ce palais ; il n'y a que les Graces qui
puissent décrire les choses qu'elles ont faites. L'or,
l'azur, les rubis, les diamants y brillent de toutes
parts ; mais j'en peinds les richesses et non pas les
beautés.

Les jardins en sont enchantés : Flore et Pomone
en ont pris soin ; leurs nymphes les cultivent. Les
fruits y renaissent sous la main qui les cueille ; les
fleurs succedent aux fruits. Quand Vénus s'y pro-
mène, entourée de ses Gnidiennes, vous diriez que
dans leurs jeux folâtres elles vont détruire ces jardins délicieux ; mais, par une vertu secrete, tout
se répare en un instant.

Vénus aime à voir les danses naïves des filles de Gnide : ses nymphes se confondent avec elles. La déesse prend part à leurs jeux , elle se dépouille de sa majesté : assise au milieu d'elles , elle voit régner dans leur cœur la joie et l'inno-cence.

On découvre de loin une grande prairie toute pa-rée de l'émail des fleurs ; le berger vient les cueillir avec sa bergere ; mais celle qu'elle a trouvée est tou-jours la plus belle , et il croit que Flore l'a faite exprès.

Le fleuve Céphée arrose cette prairie et y fait mille détours. Il arrête les bergeres fugitives ; il faut qu'elles donnent le tendre baiser qu'elles avoient promis.

Lorsque les nymphes approchent de ses bords , il s'arrête, et ses flots qui fuyoient trouvent des flots qui ne fuient plus. Mais lorsqu'une d'elles se baigne il est plus amoureux encore ; ses eaux tournent au-tour d'elle ; quelquefois il se souleve pour l'em-brasser mieux ; il l'enleve, il fuit, il l'entraîne. Ses compagnes timides commencent à pleurer ; mais il la soutient sur ses flots ; et, chargé d'un fardeau si cher , il la promene sur sa plaine liquide ; enfin , désespéré de la quitter , il la porte lentement sur le rivage , et console ses compagnes.

A côté de la prairie est un bois de myrte dont les routes font mille détours. Les amants viennent s'y conter leurs peines ; l'Amour, qui les amuse , les conduit par des routes toujours plus secretes.

Non loin de là est un bois antique et sacré où le jour n'entre qu'à peine , des chênes qui semblent immortels portent au ciel une tête qui se dérobe aux yeux. On y sent une frayeur religieuse : vous diriez que c'étoit la demeure des dieux lorsque les hommes n'étoient pas encore sortis de la terre.

Quand on a trouvé la lumiere du jour, on monte une petite colline , sur laquelle est le temple de Vénus : l'univers n'a rien de plus saint ni de plus sacré que ce lieu.

Ce fut dans ce temple que Vénus vit pour la premiere fois Adonis : le poison coula au cœur de la déesse. Quoi ! dit - elle , j'aimerois un mortel ! Hélas ! je sens que je l'adore. Qu'on ne m'adresse plus de vœux, il n'y a plus à Gnide d'autre dieu qu'Adonis.

Ce fut dans ce lieu qu'elle appela les Amours lorsque , piquée d'un défi téméraire, elle les consulta. Elle étoit en doute si elle s'exposeroit nue aux regards du berger troyen. Elle cacha sa ceinture sous ses cheveux ; ses nymphes la parfumerent ; elle monta sur son char traîné par des cygnes, et arriva dans la Phrygie. Le berger balançoit entre Junon et Pallas; il la vit, et ses regards errerent et moururent. La pomme d'or tomba aux pieds de la déesse ; il voulut parler, et son désordre décida.

Ce fut dans ce temple que la jeune Psyché vint avec sa mere lorsque l'Amour, qui voloit autour des lambris dorés, fut surpris lui-même par un de ses regards. Il sentit tous les maux qu'il fait souffrir. C'est ainsi, dit-il, que je blesse ; je ne puis soutenir mon arc ni mes fleches. Il tomba sur le sein de Psyché. Ah ! dit-il, je commence à sentir que je suis le dieu des plaisirs.

Lorsqu'on entre dans ce temple, on sent dans le cœur un charme secret qu'il est impossible d'exprimer ; l'ame est saisie de ces ravissements que les dieux ne sentent eux-mêmes que lorsqu'ils sont dans la demeure céleste.

Tout ce que la nature a de riant est joint à tout ce que l'art a pu imaginer de plus noble et de plus digne des dieux.

Une main, sans doute immortelle, l'a par-tout orné de peintures qui semblent respirer. On y voit la naissance de Vénus, le ravissement des dieux qui la virent, son embarras de se voir toute nue, et cette pudeur qui est la première des graces.

On y voit les amours de Mars et de la déesse. Le peintre a représenté le dieu sur son char, fier et même terrible : la Renommée vole autour de lui; la Peur et la Mort marchent devant ses coursiers couverts d'écume; il entre dans la mêlée, et une poussière épaisse commence à le dérober. D'un autre côté on le voit couché languissamment sur un lit de roses; il sourit à Vénus : vous ne le reconnoissez qu'à quelques traits divins qui restent encore. Les Plaisirs font des guirlandes dont ils lient les deux amants : leurs yeux semblent se confondre; ils soupirent; et attentifs l'un à l'autre, ils ne regardent pas les Amours qui se jouent autour d'eux.

Dans un appartement séparé, le peintre a représenté les noces de Vénus et de Vulcain : toute la cour céleste y est assemblée. Le dieu paroît moins sombre, mais aussi pensif qu'à l'ordinaire. La déesse regarde d'un air froid la joie commune; elle lui donne négligemment une main qui semble se dérober ; elle retire de dessus lui des regards qui portent à peine, et se tourne du côté des Graces.

Dans un autre tableau on voit Junon qui fait la cérémonie du mariage. Vénus prend la coupe pour jurer à Vulcain une fidélité éternelle : les dieux sourient, et Vulcain l'écoute avec plaisir.

De l'autre côté on voit le dieu impatient qui entraîne sa divine épouse : elle fait tant de résistance que l'on croiroit que c'est la fille de Cérès que Pluton va ravir, si l'œil qui voit Vénus pouvoit jamais se tromper.

Plus loin de là on le voit qui l'enlève pour l'emporter sur le lit nuptial. Les dieux suivent en foule : la déesse se débat et veut échapper des bras qui la tiennent. Sa robe fuit ses genoux, la toile vole ; mais Vulcain répare ce beau désordre, plus attentif à la cacher qu'ardent à la ravir.

Enfin on le voit qui vient de la poser sur le lit que l'Hymen a préparé : il l'enferme dans les rideaux, et il croit l'y tenir pour jamais. La troupe importune se retire : il est charmé de la voir s'éloigner. Les déesses jouent entre elles : mais les dieux paroissent tristes ; et la tristesse de Mars a quelque chose d'aussi sombre que la noire jalousie.

Charmée de la magnificence de son temple, la
déesse elle-même y a voulu établir son culte : elle
en a réglé les cérémonies, institué les fêtes ; et elle
y est en même temps la divinité et la prêtresse.

Le culte qu'on lui rend presque par toute la terre
est plutôt une profanation qu'une religion. Elle a
des temples où toutes les filles de la ville se prosti-
tuent en son honneur, et se font une dot des profits
de leur dévotion. Elle en a où chaque femme mariée
va une fois en sa vie se donner à celui qui la choisit,
et jette dans le sanctuaire l'argent qu'elle a reçu. Il y
en a d'autres où les courtisanes de tous les pays, plus
honorées que les matrones, vont porter leurs of-
frandes. Il y en a enfin où les hommes se font eunuques, et s'habillent en femmes pour servir dans le
sanctuaire, consacrant à la déesse et le sexe qu'ils
n'ont plus et celui qu'ils ne peuvent pas avoir.

Mais elle a voulu que le peuple de Gnide eût un
culte plus pur et lui rendît des honneurs plus dignes
d'elle. Là, les sacrifices sont des soupirs, et les of-
frandes un cœur tendre. Chaque amant adresse ses
vœux à sa maîtresse, et Vénus les reçoit pour elle.

Par-tout où se trouve la beauté on l'adore comme
Vénus même ; car la beauté est aussi divine qu'elle.

Les cœurs amoureux viennent dans ce temple ; ils vont embrasser les autels de la Fidélité et de la Constance.

Ceux qui sont accablés des rigueurs d'une cruelle y viennent soupirer : ils sentent diminuer leurs tourments ; ils trouvent dans leur cœur la flatteuse espérance.

La déesse, qui a promis de faire le bonheur des vrais amants, le mesure toujours à leurs peines.

La jalousie est une passion qu'on peut avoir, mais qu'on doit taire. On adore en secret les caprices de sa maîtresse, comme on adore les décrets des dieux, qui deviennent plus justes lorsqu'on ose s'en plaindre.

On met au rang des faveurs divines le feu, les transports de l'amour, et la fureur même ; car moins on est maître de son cœur, plus il est à la déesse.

Ceux qui n'ont point donné leur cœur sont des profanes qui ne peuvent pas entrer dans le temple : ils adressent de loin leurs vœux à la déesse, et lui demandent de les délivrer de cette liberté, qui n'est qu'une impuissance de former des desirs.

La déesse inspire aux filles de la modestie : cette qualité charmante donne un nouveau prix à tous les trésors qu'elle cache.

Mais jamais, dans ces lieux fortunés, elles n'ont rougi d'une passion sincere, d'un sentiment naïf, d'un aveu tendre.

Le cœur fixe toujours lui-même le moment auquel il doit se rendre ; mais c'est une profanation de se rendre sans aimer.

L'Amour est attentif à la félicité des Gnidiens : il choisit les traits dont il les blesse. Lorsqu'il voit une amante affligée, accablée des rigueurs d'un amant, il prend une fleche trempée dans les eaux du fleuve d'oubli. Quand il voit deux amants qui commencent à s'aimer, il tire sans cesse sur eux de nouveaux traits. Quand il en voit dont l'amour s'affoiblit, il le fait soudain renaître ou mourir ; car il épargne toujours les derniers jours d'une passion languissante. On ne passe point par les degoûts avant de cesser d'aimer, mais de plus grandes douceurs font oublier les moindres.

L'Amour a ôté de son carquois les traits cruels dont il blessa Phedre et Ariane, qui, mêlés d'amour et de haine, servent à montrer sa puissance, comme la foudre sert à faire connoître l'empire de Jupiter.

A mesure que le dieu donne le plaisir d'aimer, Vénus y joint le bonheur de plaire.

Les filles entrent chaque jour dans le sanctuaire pour faire leur prière à Vénus. Elles y expriment des sentiments naïfs comme le cœur qui les fait naître. Reine d'Amathonte, disoit l'une d'elles, ma flamme pour Tirsis est éteinte : je ne te demande pas de me rendre mon amour ; fais seulement qu'Ixiphile m'aime.

Une autre disoit tout bas : Puissante déesse, donne-moi la force de cacher quelque temps mon amour à mon berger, pour augmenter le prix de l'aveu que je veux lui en faire.

Déesse de Cythere, disoit une autre, je cherche la solitude ; les jeux de mes compagnes ne me plaisent plus : j'aime peut-être. Ah ! si j'aime quelqu'un, ce ne peut être que Daphnis.

Dans les jours de fêtes, les filles et les jeunes garçons viennent réciter des hymnes en l'honneur de Vénus ; souvent ils chantent sa gloire en chantant leurs amours.

Un jeune Gnidien, qui tenoit par la main sa maîtresse, chantoit ainsi : Amour, lorsque tu vis Psyché, tu te blessas sans doute des mêmes traits dont tu viens de blesser mon cœur : ton bonheur n'est pas différent du mien ; car tu sentois mes feux, et moi j'ai senti tes plaisirs.

J'ai vu tout ce que je décris..... J'ai été à Gnide, j'y ai vu Thémire, et je l'ai aimée ; je l'ai vue encore, et je l'ai aimée davantage. Je resterai toute ma vie à Gnide avec elle ; et je serai le plus heureux des mortels.

Nous irons dans le temple, et jamais il n'y sera entré un amant si fidele ; nous irons dans le palais de Vénus, et je croirai que c'est le palais de Thémire ; j'irai dans la prairie, et je cueillerai des fleurs que je mettrai sur son sein. Peut-être que je pourrai la conduire dans le bocage où tant de routes vont se confondre ; et quand elle sera égarée.... L'Amour qui m'inspire me défend de révéler ses mysteres.

SECOND CHANT.

Il y a à Gnide un antre sacré que les nymphes
habitent, où la déesse rend ses oracles ; la terre ne
mugit point sous ses pieds; les cheveux ne se dres-
sent point sur la tête : il n'y a point de prêtresse
comme à Delphes, où Apollon agite la Pythie; mais
Vénus elle-même écoute les mortels sans se jouer
de leurs espérances ni de leurs craintes.

Une coquette de l'île de Crete étoit venue à Gnide:
elle marchoit entourée de tous les jeunes Gnidiens;
elle sourioit à l'un, parloit à l'oreille à l'autre, sou-
tenoit son bras sur un troisieme, crioit à deux autres
de la suivre. Elle étoit belle, et parée avec art ; le
son de sa voix étoit imposteur comme ses yeux.
O ciel! que d'alarmes ne causa-t-elle point aux vraies
amantes ! Elle se présenta à l'oracle aussi fiere que
les déesses ; mais soudain nous entendîmes une voix
qui sortoit du sanctuaire : Perfide, comment oses-

tu porter tes artifices jusque dans les lieux où je regne avec la candeur? Je vais te punir d'une maniere cruelle: je t'ôterai tes charmes; mais je te laisserai le cœur comme il est. Tu appelleras tous les hommes que tu verras, ils te fuiront comme une ombre plaintive, et tu mourras accablée de refus et de mépris.

Une courtisane de Nocrétis vint ensuite toute brillante des dépouilles de ses amants. Va, dit la déesse, tu te trompes si tu crois faire la gloire de mon empire : ta beauté fait voir qu'il y a des plaisirs, mais elle ne les donne pas. Ton cœur est comme le fer, et quand tu verrois mon fils même, tu ne saurois l'aimer. Va prodiguer tes faveurs aux hommes lâches qui les demandent et qui s'en dégoûtent; va leur montrer des charmes que l'on voit soudain et que l'on perd pour toujours : tu n'es propre qu'à faire mépriser ma puissance.

Quelque temps après vint un homme riche qui levoit les tributs du roi de Lydie. Tu me demandes, dit la déesse, une chose que je ne saurois faire, quoique je sois la déesse de l'amour. Tu achetes des beautés pour les aimer; mais tu ne les aimes pas parce que tu les achetes : tes trésors ne seront point inutiles, ils serviront à te dégoûter de tout ce qu'il y a de plus charmant dans la nature.

Un jeune homme de Doride, nommé Aristée, se présenta ensuite. Il avoit vu à Gnide la charmante Camille, il en étoit éperduement amoureux, il sentoit tout l'excès de son amour, et il venoit demander à Vénus qu'il pût l'aimer davantage.

Je connois ton cœur, lui dit la déesse; tu sais aimer; j'ai trouvé Camille digne de toi : j'aurois pu la donner au plus grand roi du monde; mais les rois la méritent moins que les bergers.

Je parus ensuite avec Thémire. La déesse me dit: Il n'y a point dans mon empire de mortel qui me soit plus soumis que toi; mais que veux-tu que je fasse? Je ne saurois te rendre plus amoureux, ni Thémire plus charmante. Ah! lui dis-je, grande déesse, j'ai mille graces à vous demander : faites que Thémire ne pense qu'à moi; qu'elle ne voie que moi; qu'elle se réveille en songeant à moi; qu'elle craigne de me perdre quand je suis présent; qu'elle m'espere dans mon absence; que, toujours charmée de me voir, elle regrette encore tous les moments qu'elle a passés sans moi.

TROISIEME CHANT.

Il y a à Gnide des jeux sacrés qui se renouvellent tous les ans : les femmes y viennent de toutes parts disputer le prix de la beauté. Là, les bergeres sont confondues avec les filles des rois , car la beauté seule y porte les marques de l'empire. Vénus y pré-side elle-même ; elle décide sans balancer ; elle sait bien quelle est la mortelle heureuse qu'elle a le plus favorisée.

Hélene remporta ce prix plusieurs fois ; elle triompha lorsque Thésée l'eut ravie ; elle triompha lorsqu'elle eut été enlevée par le fils de Priam ; elle triompha enfin lorsque les dieux l'eurent rendue à Ménélas après dix ans d'espérance. Ainsi ce prince, au jugement de Vénus même, se vit aussi heureux époux que Thésée et Paris avoient été heureux amants.

Il vint trente filles de Corinthe , dont les cheveux

2

tomboient à grosses boucles sur les épaules. Il en vint dix de Salamine, qui n'avoient encore vu que treize fois le cours du soleil. Il en vint quinze de l'isle de Lesbos; et elles se disoient l'une à l'autre : Je me sens toute émue; il n'y a rien de si charmant que vous; si Vénus vous voit des mêmes yeux que moi, elle vous couronnera au milieu de toutes les beautés de l'univers.

Il vint cinquante femmes de Milet. Rien n'approchoit de la blancheur de leur teint et de la régularité de leurs traits; tout faisoit voir ou promettoit un beau corps; et les dieux qui les formerent n'auroient rien fait de plus digne d'eux s'ils n'avoient pas plus cherché à leur donner des perfections que des graces.

Il vint cent femmes de l'isle de Chypre. Nous avons, disoient-elles, passé notre jeunesse dans le temple de Vénus; nous lui avons consacré notre virginité et notre pudeur même; nous ne rougissons point de nos charmes; nos manieres, quelquefois hardies, et toujours libres, doivent nous donner de l'avantage sur une pudeur qui s'alarme sans cesse.

Je vis les filles de la superbe Lacédémone; leur

robe étoit ouverte par les côtés depuis la ceinture
de la maniere la plus immodeste ; et cependant
elles faisoient les prudes , et soutenoient qu'elles
ne violoient la pudeur que par amour pour la
patrie.

Mer fameuse par tant de naufrages, vous savez
conserver des dépôts précieux. Vous vous calmâtes
lorsque le navire Argo porta la toison d'or sur votre
plaine liquide : et lorsque cinquante beautés sont
parties de Colchos et se sont confiées à vous, vous
vous êtes courbée sous elles.

Je vis aussi Oriane, semblable aux déesses ; toutes
les beautés de Lydie entouroient leur reine. Elle
avoit envoyé devant elle cent jeunes filles qui avoient
présenté à Vénus une offrande de deux cents talents.
Candaule étoit venu lui-même, plus distingué par
son amour que par la pourpre royale : il passoit les
jours et les nuits à dévorer de ses regards les charmes
d'Oriane ; ses yeux erroient sur son beau corps, et
ses yeux ne se lassoient jamais. Hélas ! disoit-il, je
suis heureux, mais c'est une chose qui n'est sue que
de Vénus et de moi : mon bonheur seroit plus grand
s'il donnoit de l'envie. Belle reine, quittez ces vains
ornements , faites tomber cette toile importune ;

montrez - vous à l'univers ; laissez le prix de la beauté, et demandez des autels.

Auprès de là étoient vingt Babyloniennes ; elles avoient des robes de pourpre brodées d'or : elles croyoient que leur luxe augmentoit leur prix. Il y en avoit deux qui portoient , pour preuve de leur beauté , les richesses qu'elle leur avoit fait acquérir.

Plus loin, je vis cent femmes d'Egypte qui avoient les yeux et les cheveux noirs ; leurs maris étoient auprès d'elles, et ils disoient : Les lois nous soumettent à vous en l'honneur d'Isis ; mais votre beauté a sur nous un empire plus fort que celui des lois ; nous vous obéissons avec le même plaisir que l'on obéit aux dieux ; nous sommes les plus heureux esclaves de l'univers.

Le devoir vous répond de notre fidélité ; mais il n'y a que l'amour qui puisse nous promettre la vôtre.

Soyez moins sensibles à la gloire que vous acquérez à Gnide qu'aux hommages que vous pouvez trouver dans votre maison auprès d'un mari tranquille, qui, pendant que vous vous occupez des affaires du dehors , doit attendre dans le sein de votre famille le cœur que vous lui rapportez.

Il vint des femmes de cette ville puissante qui envoie ses vaisseaux au bout de l'univers ; les ornements fatiguoient leur tête superbe, toutes les parties du monde sembloient avoir contribué à leur parure.

Dix beautés vinrent des lieux où commence le jour ; elles étoient filles de l'Aurore, et, pour la voir, elles se levoient tous les jours avant elle. Elles se plaignoient du Soleil, qui faisoit disparoître leur mere ; elles se plaignoient de leur mere, qui ne se montroit à elles que comme au reste des mortels.

Je vis sous une tente une reine d'un peuple des Indes ; elle étoit entourée de ses filles, qui déjà faisoient espérer les charmes de leur mere : des eunuques la servoient, et leurs yeux regardoient la terre ; car depuis qu'ils avoient respiré l'air de Gnide, ils avoient senti redoubler leur affreuse mélancolie.

Les femmes de Cadix, qui sont aux extrémités de la terre, disputerent aussi le prix. Il n'y a point de pays dans l'univers où une belle ne reçoive des hommages ; mais il n'y a que les plus grands hommages qui puissent apaiser l'ambition d'une belle.

Les filles de Gnide parurent ensuite : belles sans ornement, elles avoient des graces au lieu de perles et de rubis. On ne voyoit sur leur tête que les présents de Flore ; mais ils y étoient plus dignes des embrassements de Zéphyre. Leur robe n'avoit d'autre mérite que celui de marquer une taille charmante et d'avoir été filée de leurs propres mains.

Parmi toutes ces beautés on ne vit point la jeune Camille ; elle avoit dit : Je ne veux point disputer le prix de la beauté, il me suffit que mon cher Aristée me trouve belle.

Diane rendoit ces jeux célebres par sa présence. Elle n'y venoit point disputer le prix ; car les déesses ne se comparent point aux mortelles. Je la vis seule, elle étoit belle comme Vénus ; je la vis auprès de Vénus, elle n'étoit plus que Diane.

Il n'y eut jamais un si grand spectacle : les peuples étoient séparés des peuples ; les yeux erroient de pays en pays, depuis le couchant jusqu'à l'aurore ; il sembloit que Gnide fût tout l'univers.

Les dieux ont partagé la beauté entre les nations, comme la nature l'a partagée entre les déesses. Là on voyoit la beauté fiere de Pallas, ici la grandeur.

et la majesté de Junon, plus loin la simplicité de
Diane, la délicatesse de Thétis, le charme des Graces
et quelquefois le sourire de Vénus.

Il sembloit que chaque peuple eût une maniere
particuliere d'exprimer sa pudeur, et que toutes
ces femmes voulussent se jouer des yeux; car les
unes découvroient la gorge et cachoient leurs
épaules ; les autres montroient les épaules et
couvroient la gorge ; celles qui vous déroboient
le pied vous payoient par d'autres charmes ; et
là, on rougissoit de ce qu'ici on appeloit bien-
séance.

Les dieux sont si charmés de Thémire, qu'ils ne
la regardent jamais sans sourire de leur ouvrage.
De toutes les déesses il n'y a que Vénus qui la voie
avec plaisir, et que les dieux ne raillent point d'un
peu de jalousie.

Comme on remarque une rose au milieu des
fleurs qui naissent dans l'herbe , on distingua
Thémire de tant de belles ; elles n'eurent pas
le temps d'être ses rivales ; elles furent vain-
cues avant de la craindre. Dès qu'elle parut ,
Vénus ne regarda qu'elle. Elle appela les Graces :

Allez la couronner , leur dit - elle ; de toutes
les beautés que je vois , c'est la seule qui vous
ressemble.

QUATRIEME CHANT.

PENDANT que Thémire étoit occupée avec ses compagnes au culte de la déesse, j'entrai dans un bois solitaire ; j'y trouvai le tendre Aristée, nous nous étions vus le jour que nous allâmes consulter l'oracle ; c'en fut assez pour nous engager à nous entretenir : car Vénus met dans le cœur, en la présence d'un habitant de Gnide, le charme secret que trouvent deux amis lorsqu'après une longue absence, ils sentent dans leurs bras le doux objet de leurs inquiétudes.

Ravis l'un de l'autre, nous sentîmes que notre cœur se donnoit : il sembloit que la tendre amitié étoit descendue du ciel pour se placer au milieu de nous. Nous nous racontâmes mille choses de notre vie. Voici à peu près ce que je lui dis.

Je suis né Sybaris, où mon pere Antiloque étoit prêtre de Vénus. On ne met point dans cette ville de différence entre les voluptés et les besoins ; on bannit tous les arts qui pourroient troubler un sommeil tranquille ; on donne des prix, aux dépens du public, à ceux qui peuvent découvrir des voluptés nouvelles ; les citoyens ne se souviennent que des bouffons qui les ont divertis, et ont perdu la mémoire des magistrats qui les ont gouvernés.

On y abuse de la fertilité du terroir qui y produit une abondance éternelle ; et les faveurs des dieux sur Sybaris ne servent qu'à encourager le luxe et la mollesse.

Les hommes sont si efféminés, leur parure est si semblable à celle des femmes, ils composent si bien leur teint, ils se frisent avec tant d'art, ils emploient tant de temps à se corriger à leur miroir, qu'il semble qu'il n'y ait qu'un sexe dans la ville.

Les femmes se livrent au lieu de se rendre ; chaque jour voit finir les desirs et les espérances de chaque jour ; on ne sait ce que c'est que d'aimer et d'être aimé, on n'est occupé que de ce qu'on appelle si faussement jouir.

Les faveurs n'y ont que leur réalité propre ; et toutes ces circonstances qui les accompagnent si bien, tous ces riens qui sont d'un si grand prix, ces

engagements qui paroissent toujours plus grands,
ces petites choses qui valent tant, tout ce qui pré-
pare un heureux moment, tant de conquêtes au lieu
d'une, tant de jouissances avant la derniere ; tout
cela est inconnu à Sybaris.

Encore si elles avoient la moindre modestie, cette
foible image de la vertu pourrait plaire : mais non ;
les yeux sont accoutumés à tout voir, et les oreilles
à tout entendre.

Bien loin que la multiplicité des plaisirs donne aux
Sybarites plus de délicatesse, ils ne peuvent plus
distinguer un sentiment d'avec un sentiment.

Ils passent leur vie dans une joie purement exté-
rieure : ils quittent un plaisir qui leur déplaît pour
un plaisir qui leur déplaira encore ; tout ce qu'ils
imaginent est un nouveau sujet de dégoût.

Leur ame, incapable de sentir les plaisirs, semble
n'avoir de délicatesse que pour les peines : un citoyen
fut fatigué toute une nuit d'une rose qui s'étoit re-
pliée dans son lit.

La mollesse a tellement affoibli leurs corps, qu'ils
ne sauroient remuer les moindres fardeaux ; ils peuvent à peine se soutenir sur leurs pieds ; les voitures
les plus douces les font évanouir ; lorsqu'ils sont dans

les festins, l'estomac leur manque à tous les instants.

Ils passent leur vie sur des sieges renversés, sur lesquels ils sont obligés de se reposer tout le jour, sans s'être fatigués; ils sont brisés quand ils vont languir ailleurs.

Incapables de porter le poids des armes, timides devant leurs concitoyens, lâches devant les étrangers, ils sont des esclaves tout prêts pour le premier maître.

Dès que je sus penser, j'eus du dégoût pour la malheureuse Sybaris. J'aime la vertu, et j'ai toujours craint les dieux immortels. Non, disois-je, je ne respirerai pas plus long-temps cet air empoisonné; tous ces esclaves de la mollesse sont faits pour vivre dans leur patrie, et moi pour la quitter.

J'allai pour la dernière fois au temple, et, m'approchant des autels où mon père avoit tant de fois sacrifié : Grande déesse, dis-je à haute voix, j'abandonne ton temple et non pas ton culte : en quelque lieu de la terre que je sois, je ferai fumer pour toi de l'encens; mais il sera plus pur que celui qu'on t'offre à Sybaris.

Je partis, et j'arrivai en Crète. Cette isle est toute pleine des monuments de la fureur de l'Amour. On

y voit le taureau d'airain, ouvrage de Dédale pour
tromper ou pour satisfaire les égaremens de Pasi-
phaé; le labyrinthe, dont l'Amour seul sut éluder
l'artifice; le tombeau de Phedre, qui étonna le soleil comme avoit fait sa mere; et le temple d'Ariane,
qui, désolée dans les déserts, abandonnée par un
ingrat, ne se repentoit pas encore de l'avoir suivi.

On y voit le palais d'Idoménée, dont le retour
ne fut pas plus heureux que celui des autres capi-
taines grecs; car ceux qui échapperent aux dangers
d'un élément colere trouverent leur maison plus funeste encore. Vénus irritée leur fit embrasser des
épouses perfides, et ils moururent de la main qu'ils
croyoient la plus chere.

Je quittai cette isle si odieuse à une déesse qui
devoit faire quelque jour la félicité de ma vie.

Je me rembarquai, et la tempête me jeta à Lesbos. C'est encore une isle peu chérie de Vénus : elle
a ôté la pudeur du visage des femmes, la foiblesse
de leur corps et la timidité de leur ame. Grande Vénus, laisse brûler les femmes de Lesbos d'un feu
légitime; épargne à la nature humaine tant d'horreur.

Mitylene est la capitale de Lesbos; c'est la patrie

de la tendre Sapho. Immortelle comme les Muses,
cette fille infortunée brûle d'un feu qu'elle ne peut
éteindre. Odieuse à elle-même, trouvant ses ennuis
dans ses charmes, elle hait son sexe, et le cherche
toujours. Comment, dit-elle, une flamme si vaine
peut-elle être si cruelle? Amour, tu es cent fois plus
redoutable quand tu te joues que quand tu t'irrites.

Enfin je quittai Lesbos; et le sort me fit trouver
une isle plus profane encore; c'étoit celle de Lem-
nos. Vénus n'y a point de temple, jamais les Lem-
niens ne lui adresserent des vœux : Nous rejetons,
disent-ils, un culte qui amollit les cœurs. La déesse
les en a souvent punis; mais, sans expier leur crime,
ils en portent la peine; toujours plus impies à mesure qu'ils sont plus affligés.

Je me remis en mer, cherchant toujours quelque
terre chérie des dieux; les vents me porterent à
Délos. Je restai quelques mois dans cette isle sacrée;
mais, soit que les dieux nous préviennent quelquefois sur ce qui nous arrive, soit que notre ame re-
tienne de la divinité dont elle est émanée quelque
foible connoissance de l'avenir, je sentis que mon
destin, que mon bonheur même, m'appeloient dans
un autre pays.

Une nuit que j'étois dans cet état tranquille où
l'ame, plus à elle-même, semble être délivrée de
la chaîne qui la tient assujétie, il m'apparut : je ne
sus pas d'abord si c'étoit une mortelle ou une déesse.
Un charme secret étoit répandu sur toute sa per-
sonne : elle n'étoit point belle comme Vénus, mais
elle étoit ravissante comme elle : tous ses traits n'é-
toient point réguliers, mais ils enchantoient tous ensemble : vous n'y trouviez point ce qu'on admire,
mais ce qui pique : ses cheveux tomboient négligemment sur ses épaules, mais cette négligence étoit
heureuse : sa taille étoit charmante ; elle avoit cet air
que la nature donne seule, et dont elle cache le secret aux peintres mêmes. Elle vit mon étonnement,
elle en sourit. Dieux ! quel souris ! Je suis, me dit-
elle d'une voix qui pénétroit le cœur, la seconde des
Graces : Vénus qui m'envoie veut te rendre heureux ;
mais il faut que tu ailles l'adorer dans son temple
de Gnide. Elle fuit, mes bras la suivirent, mon
songe s'envola avec elle ; il ne me resta qu'un doux
regret de ne la plus voir, mêlé du plaisir de l'a-
voir vue.

Je quittai donc l'isle de Délos ; j'arrivai à Gnide.
Je puis dire que d'abord je respirai l'amour : je sentis

je ne puis pas bien exprimer ce que je sentis : je n'aimois pas encore, mais je cherchois à aimer ; mon cœur s'échauffoit comme dans la présence de quelque beauté divine. J'avançai, et je vis de loin de jeunes filles qui jouoient dans la prairie ; je fus d'abord entraîné vers elles. Insensé que je suis, disois-je, j'ai sans aimer tous les égaremens de l'amour ; mon cœur vole déjà vers des objets inconnus, et ces objets lui donnent de l'inquiétude. J'approchai ; je vis la charmante Thémire : sans doute que nous étions faits l'un pour l'autre ; je ne regardai qu'elle, et je crois que je serois mort de douleur si elle n'avoit tourné sur moi quelques regards. Grande Vénus, m'écriai-je, puisque vous devez me rendre heureux, faites que ce soit avec cette bergere ; je renonce à toutes les autres beautés, elle seule peut remplir vos promesses et tous les vœux que je ferai jamais.

~~~~~~

CINQUIEME CHANT.

———

JE parlois encore au jeune Aristée de mes tendres amours ; ils lui firent soupirer les siens. Je soulageai son cœur en le priant de me les raconter. Voici ce qu'il me dit : je n'oublierai rien, car je suis inspiré par le même dieu qui le faisoit parler.

Dans tout ce récit vous ne trouverez rien que de très-simple : mes aventures ne sont que les sentiments d'un cœur tendre, que mes plaisirs, que mes peines ; et comme mon amour pour Camille fait le bonheur, il fait aussi toute l'histoire de ma vie.

Camille est fille d'un des principaux habitants de Gnide : elle est belle, elle a une physionomie qui va se peindre dans tous les cœurs : les femmes qui font des souhaits demandent aux dieux les graces de Camille ; les hommes qui la voient veulent la voir toujours, ou craignent de la voir encore.

Elle a une taille charmante, un air noble mais

3

modeste , des yeux vifs et tout prêts à être tendres ; des traits faits exprès l'un pour l'autre, des charmes invisiblement assortis pour la tyrannie des cœurs.

Camille ne cherche point à se parer, mais elle est mieux parée que les autres femmes.

Elle a un esprit que la nature refuse presque toujours aux belles. Elle se prête également au sérieux et à l'enjouement : si vous voulez , elle pensera sensément; si vous voulez , elle badinera comme les Graces.

Plus on a d'esprit, plus on en trouve à Camille. Elle a quelque chose de si naïf , qu'il semble qu'elle ne parle que le langage du cœur. Tout ce qu'elle dit, tout ce qu'elle fait, a les charmes de la simplicité; vous trouvez toujours une bergere naïve : des graces si légeres , si fines, si délicates, se font remarquer , mais se font encore mieux sentir.

Avec tout cela Camille m'aime; elle est ravie quand elle me voit, elle est fâchée quand je la quitte; et, comme si je pouvois vivre sans elle , elle me fait promettre de revenir. Je lui dis toujours que je l'aime, elle me croit : je lui dis que je l'adore, elle le sait; mais elle est ravie comme si elle ne le savoit pas. Quand je lui dis qu'elle fait la félicité de ma vie, elle me dit que je fais le bonheur de la sienne : enfin elle m'aime tant, qu'elle me feroit presque croire que je suis digne de son amour.

Il y avoit un mois que je voyois Camille sans oser lui dire que je l'aimois, et sans oser presque me le dire à moi-même ; plus je la trouvois aimable, moins j'espérois d'être celui qui la rendroit sensible. Camille, tes charmes me touchoient, mais ils me disoient que je ne te méritois pas.

Je cherchois partout à t'oublier ; je voulois effacer de mon cœur ton adorable image : que je suis heureux ! je n'ai pu y réussir ; cette image y est restée, et elle y vivra toujours.

Je dis à Camille : J'aimois le bruit du monde, et je cherche la solitude ; j'avois des vues d'ambition, et je ne desire plus que ta présence ; je voulois errer sous des climats reculés, et mon cœur n'est plus citoyen que des lieux où tu respires : tout ce qui n'est point toi s'est évanoui de devant mes yeux.

Quand Camille m'a parlé de sa tendresse, elle a encore quelque chose à me dire ; elle croit avoir oublié ce qu'elle m'a juré mille fois. Je suis si charmé de l'entendre que je feins quelquefois de ne la pas croire, pour qu'elle touche encore mon cœur : bientôt

regne entre nous ce doux silence qui est le plus tendre langage des amants.

Quand j'ai été absent de Camille, je veux lui
rendre compte de ce que j'ai pu voir ou entendre.
De quoi m'entretiens-tu ? me dit-elle ; parle-moi de
nos amours ; ou, si tu n'as rien pensé, si tu n'as rien
à me dire, cruel, laisse-moi parler.

Quelquefois elle me dit en m'embrassant : Tu es
triste. Il est vrai, lui dis-je ; mais la tristesse des
amants est délicieuse : je sens couler mes larmes,
et je ne sais pourquoi, car tu m'aimes ; je n'ai point
de sujet de me plaindre, et je me plains : ne me retire point de la langueur où je suis, laisse-moi soupirer en même temps mes peines et mes plaisirs.

Dans les transports de l'amour mon ame est trop
agitée, elle est entraînée vers son bonheur sans en
jouir ; au lieu qu'à présent je goûte ma tristesse
même. N'essuie point mes larmes ; qu'importe que
je pleure, puisque je suis heureux ?

Quelquefois Camille me dit : Aime-moi. Oui, je
je t'aime. Mais comment m'aimes-tu ? Hélas ! lui
dis-je, je t'aime comme je t'aimois ; car je ne puis
comparer l'amour que j'ai pour toi qu'à celui que
j'ai eu pour toi même.

J'entends louer Camille par tous ceux qui la connoissent ; ses louanges me touchent comme si elles
m'étoient personnelles, et j'en suis plus flatté qu'elle-
même.

Quand il y a quelqu'un avec nous, elle parle avec
tant d'esprit que je suis enchanté de ses moindres
paroles ; mais j'aimerois encore mieux qu'elle ne dît
rien.

Quand elle fait des amitiés à quelqu'un , je vou-
drois être celui à qui elle fait des amitiés ; quand
tout-à-coup je fais réflexion que je ne serois point
aimé d'elle.

Prends garde , Camille , aux impostures des
amants : ils te diront qu'ils t'aiment , et ils diront
vrai ; ils te diront qu'ils t'aiment autant que moi ,
mais je jure par les dieux que je t'aime davantage.

Quand je l'aperçois de loin , mon esprit s'égare ;
elle approche, et mon cœur s'agite ; j'arrive auprès
d'elle, et il semble que mon ame veut me quitter ,
que cette ame est à Camille et qu'elle va l'animer.

Quelquefois je veux lui dérober une faveur ; elle
me la refuse, et dans un instant elle m'en accorde
une autre : ce n'est point un artifice ; combattue par

sa pudeur et son amour, elle voudroit me tout re-
fuser, elle voudroit pouvoir me tout accorder.

Elle me dit : Ne vous suffit-il pas que je vous aime ?
que pouvez-vous desirer après mon cœur ? Je desire, lui dis-je, que tu fasses pour moi une faute que
l'amour fait faire et que le grand amour justifie.

Camille, si je cesse un jour de t'aimer, puisse la
Parque se tromper et prendre ce jour pour le der-
nier de mes jours ! puisse-t-elle effacer le reste d'une
vie que je trouverois déplorable quand je me sou-
viendrois des plaisirs que j'ai eus en aimant !

Aristée soupira et se tut ; et je vis bien qu'il ne
cessa de parler de Camille que pour penser à elle.

SIXIEME CHANT.

Pendant que nous parlions de nos amours nous
nous égarâmes ; et, après avoir erré long-temps ,
nous entrâmes dans une grande prairie : nous fûmes
conduits par un chemin de fleurs au pied d'un ro-
cher affreux ; nous vîmes un antre obscur, nous y
entrâmes croyant que c'étoit la demeure de quelque
mortel. O dieux ! qui auroit pensé que ce lieu eût
été si funeste? A peine y eus-je mis le pied, que
tout mon corps frémit, mes cheveux se dresserent
sur la tête : une main invisible m'entraînoit dans
ce fatal séjour ; à mesure que mon cœur s'agitoit ,
il cherchoit à s'agiter encore. Ami, m'écriai-je ,
entrons plus avant, dussions-nous voir augmenter
nos peines. J'avance dans ce lieu , où jamais le
soleil n'entra et que les vents n'agiterent jamais :
j'y vis la Jalousie ; son aspect étoit plus sombre que
terrible ; la Pâleur, la Tristesse, le Silence l'entouroient ; et les Ennuis voloient autour d'elle. Elle

souffla sur nous, elle nous mit la main sur le cœur;
elle nous frappa sur la tête; et nous ne vîmes, nous
n'imaginâmes plus que des monstres. Entrez plus
avant, nous dit - elle, malheureux mortels, allez
trouver une déesse plus puissante que moi. Nous
vîmes une affreuse divinité à la lueur des langues
enflammées de serpents qui siffloient sur sa tête :
c'étoit la Fureur. Elle détacha un de ses serpents
et le jeta sur moi : je voulus le prendre ; déjà,
sans que je l'eusse senti, il s'étoit glissé dans mon
cœur. Je restai un moment comme stupide; mais,
dès que le poison se fut répandu dans mes veines,
je crus être au milieu des enfers : mon ame fut em-
brasée, et dans sa violence, tout mon corps la
contenoit à peine ; j'étois si agité qu'il me sembloit
que je tournois sur le fouet des Furies. Enfin, nous
nous abandonnâmes à nos transports; nous fîmes
cent fois le tour de cet antre épouvantable ; nous
allions de la Jalousie à la Fureur, et de la Fureur à
la Jalousie ; nous criions Thémire, nous criions
Camille : si Thémire ou Camille étoient venues,
nous les aurions déchirées de nos propres mains.

Enfin, nous trouvâmes la lumiere du jour ; elle
nous parut importune, et nous regrettâmes presque

l'antre affreux que nous avions quitté : nous tom-
bâmes de lassitude, et ce repos même nous parut
insupportable ; nos yeux nous refuserent des
larmes , et notre cœur ne put plus former de
soupirs.

Je fus pourtant un moment tranquille ; le sommeil commença à verser sur moi ses doux pavots.
O dieux ! ce sommeil même devint cruel. J'y voyois
des images plus terribles pour moi que les pâles
ombres ; je me réveillois à chaque instant sur une
infidélité de Thémire ; je la voyois.... Non, je n'ose
encore le dire ; et ce que j'imaginois seulement
pendant la veille, je le trouvois réel dans les hor-
reurs de cet affreux sommeil.

Il faudra donc, dis-je en me levant, que je fuie
également les ténebres et la lumiere. Thémire, la
cruelle Thémire m'agite comme les Furies. Qui
l'eût cru que mon bonheur seroit de l'oublier pour
jamais!

Un accès de fureur me reprit. Ami, m'écriai-je,
leve-toi; allons exterminer les troupeaux qui paissent dans cette prairie ; poursuivons ces bergers
dont les amours sont si paisibles. Mais non; je vois
de loin un temple , c'est peut-être celui de l'Amour ;

allons le détruire, allons briser sa statue, et lui
rendre nos fureurs redoutables. Nous courûmes,
et il sembloit que l'ardeur de commettre un crime
nous donnât des forces nouvelles : nous traversâmes
les bois, les prés, les guérets ; nous ne fûmes pas
arrêtés un instant : une colline s'élevoit en vain,
nous y montâmes, nous entrâmes dans le temple ;
il étoit consacré à Bacchus. Que la puissance des
dieux est grande ! notre fureur fut aussitôt calmée.
Nous nous regardâmes, et nous vîmes avec surprise
le désordre où nous étions.

Grand dien ! m'écriai-je, je te rends moins
graces d'avoir apaisé ma fureur que de m'avoir
épargné un grand crime. Et m'approchant de la
prêtresse : Nous sommes aimés du dieu que vous
servez ; il vient de calmer les transports dont nous
étions agités ; à peine sommes-nous entrés dans ce
lieu, que nous avons senti sa faveur présente : nous
voulons lui faire un sacrifice, daignez l'offrir pour
nous, divine prêtresse. J'allai chercher une victime,
et je l'apportai à ses pieds.

Pendant que la prêtresse se préparoit à donner
le coup mortel, Aristée prononça ces paroles : Divin
Bacchus, tu aimes à voir la joie sur le visage des

hommes; nos plaisirs sont un culte pour toi, et tu ne veux être adoré que par les mortels les plus heureux.

Quelquefois tu égares doucement notre raison; mais quand quelque divinité cruelle nous l'a ôtée, il n'y a que toi qui puisse nous la rendre.

La noire Jalousie tient l'Amour sous son esclavage; mais tu lui ôtes l'empire qu'elle prend sur nos cœurs, et tu la fais rentrer dans sa demeure affreuse.

Après que le sacrifice fut fait, tout le peuple s'assembla autour de nous; et je racontai à la prêtresse comment nous avions été tourmentés dans la demeure de la Jalousie; et tout-à-coup nous entendîmes un grand bruit et un mélange confus de voix et d'instruments de musique. Nous sortîmes du temple, et nous vîmes arriver uue troupe de bacchantes qui frappoient la terre de leurs thyrses, criant à haute voix *Evohé*. Le vieux Silene suivoit, monté sur son âne; sa tête sembloit chercher la terre; et sitôt qu'on abandonnoit son corps, il se balançoit comme par mesure. La troupe avoit le visage barbouillé de lie. Pan paroissoit ensuite avec sa flûte, et les Satyres entouroient leur roi. La joie régnoit avec le désordre; une folie aimable mêloit ensemble les jeux, les railleries, les danses, les chansons. Enfin je vis Bacchus : il étoit sur son char traîné par des tigres, tel que le Gange le vit au bout de l'univers, portant par-tout la joie et la victoire.

A ses côtés étoit la belle Ariane. Princesse, vous vous plaigniez encore de l'infidélité de Thésée lorsque le dieu prit votre couronne et la plaça dans le ciel; il essuya vos larmes : si vous n'aviez pas cessé de pleurer, vous auriez rendu un dieu plus malheureux que vous, qui n'étiez qu'une mortelle. Il vous dit : Aimez-moi; Thésée fuit; ne vous souvenez plus de son amour, oubliez jusqu'à sa perfidie; je vous rends immortelle pour vous aimer toujours.

Je vis Bacchus descendre de son char; je vis descendre Ariane; elle entra dans le temple. Aimable dieu, s'écria-t-elle, restons dans ces lieux, et soupirons-y nos amours; faisons jouir ce doux climat d'une joie éternelle : c'est auprès de ces lieux que la reine des cœurs a posé son empire; que le dieu de la joie regne auprès d'elle, et augmente le bonheur de ces peuples déja si fortunés.

Pour moi, grand dieu, je sens déja que je t'aime davantage. Quoi! tu pourrois quelque jour me paroître encore plus aimable? Il n'y a que les mortels qui puissent aimer à l'excès et aimer toujours davantage; il n'y a qu'eux qui obtiennent plus qu'ils n'esperent, et qui sont plus bornés quand ils desirent que quand ils jouissent.

Tu seras ici mes éternelles amours. Dans le ciel, on n'est occupé que de sa gloire; ce n'est que sur la terre et dans les lieux champêtres que l'on sait aimer; et pendant que cette troupe se livrera à une joie insensée, ma joie, mes soupirs et mes larmes même, te rediront sans cesse mes amours.

Le dieu sourit à Ariane; il la mena dans le sanctuaire. La joie s'empara de nos cœurs, nous sentîmes une émotion divine : saisis des égarements de Silene, et des transports des bacchantes, nous prîmes un thyrse, et nous nous mêlâmes dans les danses et dans les concerts.

———

SEPTIEME CHANT.

Nous quittâmes les lieux consacrés à Bacchus ; mais bientôt nous crûmes sentir que nos maux n'avoient été que suspendus. Il est vrai que nous n'avions point cette fureur qui nous avoit agités ; mais la sombre tristesse avoit saisi notre ame, et nous étions dévorés de soupçons et d'inquiétudes.

Il nous sembloit que les cruelles déesses ne nous avoient agités que pour nous faire pressentir des malheurs auxquels nous étions destinés.

Quelquefois nous regrettions le temple de Bacchus ; bientôt nous étions entraînés vers celui de Gnide ; nous voulions voir Thémire et Camille, ces objets puissants de notre amour et de notre jalousie.

Mais nous n'avions aucune de ces douceurs que l'on a coutume de sentir lorsque, sur le point de revoir ce qu'on aime, l'ame est déja ravie, et semble

goûter d'avance tout le bonheur qu'elle se
promet.

Peut-être, dit Aristée, que je trouverai le berger
Lycas avec Camille ; que sais-je s'il ne lui parle pas
dans ce moment? O dieux! l'infidele prend plaisir
à l'entendre!

On disoit l'autre jour, repris-je, que Thyrsis,
qui a tant aimé Thémire, devoit arriver à Gnide :
il l'a aimée, sans doute qu'il l'aime encore; il faudra
que je dispute un cœur que je croyois tout à moi.

L'autre jour Lycas chantoit ma Camille : que
j'étois insensé! j'étois ravi de l'enteudre louer.

Je me souviens que Thyrsis porta à ma Thémire
des fleurs nouvelles. Malheureux que je suis ! elle
les a mises sur son sein. C'est un présent de
Thyrsis, disoit-elle. Ah! j'aurois dû les arracher
et les fouler à mes pieds.

Il n'y a pas long-temps que j'allois avec Camille
faire à Vénus un sacrifice de deux tourterelles ; elles
m'échapperent, et s'envolerent dans les airs.

J'avois écrit sur des arbres mon nom avec celui
de Thémire : j'avois écrit mes amours, je les
lisois et relisois sans cesse ; un matin je les trouvai
effacés.

Camille, ne désespere point un malheureux qui t'aime; l'amour qu'on irrite peut avoir tous les effets de la haine.

Le premier Gnidien qui regardera ma Thémire, je le poursuivrai jusque dans le temple; et je le punirai, fût-il aux pieds de Vénus.

Cependant nous arrivâmes près de l'antre sacré où la déesse rend ses oracles. Le peuple étoit comme les flots de la mer agitée : ceux-ci venoient d'entendre, les autres alloient chercher leur réponse.

Nous entrâmes dans la foule : je perdis l'heureux Aristée; déja il avait embrassé sa Camille, et moi je cherchois encore ma Thémire.

Je la trouvai enfin : je sentis ma jalousie redoubler à sa vue : je sentis renaître mes premieres fureurs; mais elle me regarda, et je devins tranquille : c'est ainsi que les dieux renvoient les Furies lorsqu'elles sortent des enfers.

O dieux ! me dit - elle, que tu m'as coûté de larmes! trois fois le soleil a parcouru sa carriere; je craignois de t'avoir perdu pour jamais. Cette parole me fait trembler. J'ai été consulter l'oracle : je n'ai point demandé si tu m'aimais; hélas! je ne

4

voulois que savoir si tu vivois encore : **Vénus vient
de me répondre que tu m'aimes toujours.**

Excuse, lui dis-je, un infortuné qui t'auroit haïe
si son ame en étoit capable. Les dieux, dans les mains
desquels je suis, peuvent me faire perdre la raison ;
ces dieux, Thémire, ne peuvent pas m'ôter mon
amour.

La cruelle Jalousie m'a agité comme dans le Tar-
tare on tourmente les ombres criminelles : j'en tire
cet avantage, que je sens mieux le bonheur qu'il y
y a d'être aimé de toi après l'affreuse situation où
m'a mis la crainte de te perdre.

Viens donc avec moi, viens dans ce bois solitaire :
il faut qu'à force d'aimer j'expie les crimes que j'ai
faits. C'est un grand crime, Thémire, de te croire
infidele.

Jamais les bois de l'Elysée, que les dieux ont
faits exprès pour la tranquillité des ombres qu'ils
chérissent, jamais les forêts de Dodone, qui parlent
aux humains de leur félicité future, ni les jardins
des Hespérides, dont les arbres se courbent sous
le poids de l'or qui compose leurs fruits, ne furent
plus charmants que ce bocage enchanté par la présence de Thémire.

Je me souviens qu'un satyre qui suivoit une nymphe qui fuyoit tout éplorée nous vit, et s'arrêta. Heureux amants, s'écria-t-il, vos yeux savent s'entendre et se répondre, vos soupirs sont payés par des soupirs ; mais moi je passe ma vie sur les traces d'une bergere farouche, malheureux pendant que je la poursuis, plus malheureux encore lorsque je l'ai atteinte.

Une jeune nymphe, seule dans ces bois, nous aperçut, et soupira. Non, dit-elle, ce n'est que pour augmenter mes tourments que le cruel Amour me fait voir un amant si tendre.

Nous trouvâmes Apollon assis auprès d'une fontaine : il avoit suivi Diane qu'un daim timide avoit menée dans ces bois. Je le reconnus à ses blonds cheveux et à la troupe immortelle qui étoit autour de lui. Il accordoit sa lyre : elle attire les rochers ; les arbres la suivent, les lions restent immobiles.

Mais nous entrâmes plus avant dans les forêts, appelés en vain par cette divine harmonie.

Où croyez-vous que je trouvai l'Amour ? Je le trouvai sur les levres de Thémire ; je le trouvai ensuite sur son sein ; il s'étoit sauvé à ses pieds, je l'y trouvai encore, il se cacha sous ses genoux, je

le suivis; et je l'aurois toujours suivi si Thémire
tout en pleurs, Thémire irritée, ne m'eût arrété :
il étoit à sa derniere retraite; elle est si charmante
qu'il ne sauroit la quitter. C'est ainsi qu'une tendre
fauvette, que la crainte et l'amour retiennent sur ses
petits, reste immobile sous la main avide qui s'approche, et ne peut consentir à les abandonner.

Malheureux que je suis! Thémire écouta mes
plaintes, et elle n'en fut point attendrie; elle en-
tendit mes prieres, elle devint plus sévere : enfin
je fus téméraire, elle s'indigna; je tremblai, elle
me parut fâchée : je pleurai, elle me rebuta; je
tombai, et je sentis que mes soupirs alloient être
mes derniers soupirs, si Thémire n'avoit mis la
main sur mon cœur et n'y eût rappelé la vie.

Non, dit-elle, je ne suis pas si cruelle que toi;
car je n'ai jamais voulu te faire mourir, et tu veux
m'entraîner dans la nuit du tombeau.

Ouvre ces yeux mourants si tu ne veux que les
miens se ferment pour jamais.

Elle m'embrassa : je reçus ma grace, hélas! sans
espérance de devenir coupable.

FIN.

DE L'IMPRIMERIE D'ADRIEN ÉGRON,
rue des Noyers, n° 49.

Dessiné par Ch. Eisen, et Gravé par N. le Mire.

Sa robe suit ses genoux, la toile vole.

Car. Eisen del.   *N. le Mire Sculp.*

Tu mourras accablée de refus & de mépris.

C. Eisen del.   N. le Mire Sculp.

Elle appella les Grâces : Allez la couronner,

Car. Eisen del.

D. le Mire Sculp.

Une nuit que j'étois dans cet état tranquille ......

Car. Eisen del.   N. le Mire Sculp

Je sens couler mes larmes,

Cav. Bison del.

F. le Mire Sculp.

Elle détacha un de ses serpens...........................

Il se cacha sous ses genoux, je le suivis,

Céphale

Car Eisen del.   B. le Mire sculp.

Elle coupa le sommet des ailes de l'Amour. . . . .

Cephise

Cav. Vieu del.   N. le Mire Sculp.

La chaleur va les faire renaitre.

www.ingramcontent.com/pod-product-compliance
Lightning Source LLC
LaVergne TN
LVHW050645090426
835512LV00007B/1039